L⁵ₕ
380

ERRATA

DE L'ÉCRIT INTITULÉ :

Siége de Cadix, par l'Armée française, en 1810, 1811 et 1812, par Eugène de Monglave;

PAR LE BARON DE BEAUMONT,

ANCIEN AIDE DE CAMP DE S. EXC. M. LE MARÉCHAL DUC DE BELLUNE.

Vidi.

PARIS,

CHEZ PÉLICIER, LIBRAIRE, PLACE DU PALAIS-ROYAL;
ET CHEZ C. J. TROUVÉ, IMPRIMEUR-LIBRAIRE,
RUE NEUVE-SAINT-AUGUSTIN, N° 17.

1823.

ERRATA

DE L'ÉCRIT INTITULÉ :

Siége de Cadix, par l'Armée française, en 1810, 1811 et 1812, par Eugène de Monglave.

L'ÉBRANLEMENT des portes de Cadix a réveillé de glorieux souvenirs ; les hauts faits de notre jeune armée ont rappelé ceux de nos vieilles bandes. Certes, il était facile d'établir entre eux un brillant parallèle, en respectant l'héroïsme des deux époques. Ce parallèle n'a point été le but de l'auteur de la brochure publiée récemment sous le titre de *Siége de Cadix en 1810, 1811 et 1812* ; et, s'il a voulu toucher à d'anciennes renommées, ce n'est point au profit des nouvelles.

Je n'ai pas l'honneur de connaître cet écrivain, et j'ignore s'il a coopéré à l'une des invasions de la Péninsule ; mais on peut conclure des formes de son récit, que l'historien du premier siége de Cadix a été aussi étranger à cette entreprise que l'honorable général auquel il a dédié son livre (1).

---

(1) Le général Foi.

C'est ainsi que, sans s'en douter, il a travaillé sur des matériaux incomplets, préparés dans des vues spéciales et infectés de l'esprit de parti.

A ce qu'il a ouï dire, j'opposerai ce que j'ai vu.

Je n'entreprendrai pas, pour cela, de dérouler le tableau de nos opérations militaires : je me bornerai à suivre l'auteur de la brochure; à le suivre pas à pas, en signalant ses erreurs et ses omissions.

Dans son épître dédicatoire à M. le comte Foi, l'auteur assure que « le boulevard des cortès » n'eût point arrêté le courageux élan de cet » officier général, si le peuple qui combat pour » son indépendance n'était pas toujours invin- » cible. » Il fallait ajouter : et si l'honorable comte eût été chargé d'essayer, sur les assiégés, le double pouvoir de son éloquence et de son glaive. Quant à moi, j'ai quelques soupçons que, grossies d'un homme de mérite, nos colonnes n'eussent point agi avec plus d'efficacité sur le patriotisme de la place : ce qui nous a manqué, ce sont les moyens de persuasion, employés si victorieusement par l'amiral Desrotours, devant le fort Santi-Petri : c'est, en un mot, l'éloquence du *Centaure* (1).

---

(1) Vaisseau de l'amiral.

On lit, *page* 4 de la brochure, que, lors de l'expédition d'Andalousie, l'armée francaise « sui- » vit la grande route, jusqu'au cœur de la Manche, » d'où l'on se divisa pour franchir, par trois points, » cette Sierra-Morena, où l'on s'attendait à trou- » ver tant d'obstacles, et qui n'en présenta point. »

Le fait est exact ; mais il convenait encore d'ajouter que ce succès inespéré fut le résultat du mouvement que fit le duc de Bellune sur les derrières de l'ennemi. Ce maréchal, suivi seulement de son infanterie et de sa cavalerie, se jeta, par des chemins impraticables pour l'artillerie, sur Almaden, Torre-Campo et Villa-Nueva de la Jara ; et ses tirailleurs couronnaient les hauteurs de Adamuz, lorsque le gros de l'armée traversa la Sierra-Morena.

C'est par une semblable manœuvre que, dix mois plus tôt, il avait enlevé les formidables positions d'Almaraz (1).

Page 8. « Cependant le duc de Bellune fut dirigé » sur Séville. Cette ville, sommée de se rendre, » prolongea suffisamment les *négociations* pour

---

(1) Dans la guerre actuelle, le comte de Bourmont a passé le Tage, en suivant les glorieux jalons laissés par le maréchal Victor.

» permettre à la junte centrale et aux forces qui
» l'escortaient de s'éloigner paisiblement. Le ma-
» réchal, qui pouvait, avec dix coups de canon,
» enfoncer une des portes de la cité et s'en rendre
» maître en deux heures, demeura deux jours
» sous ses murs, etc. »

Le maréchal, ainsi que tous les militaires éclairés, voulait que l'on marchât sur Cadix, en laissant de côté Séville, qui ne pouvait gêner ce mouvement; mais le chef couronné qui commandait l'armée française, persuadé que l'occupation de la capitale de l'Andalousie produirait une grande et favorable sensation en Espagne, ne tint compte de l'avis qu'on lui donnait : il dirigea effectivement le maréchal sur Séville; et ce dernier, dans l'impossibilité de se porter lui-même à la poursuite du duc d'Albuquerque, détacha, pour cet objet, un corps de cavalerie qui atteignit et culbuta l'arrière-garde espagnole à Utrera.

Le duc de Bellune avait reçu l'ordre de tout tenter pour s'emparer de Séville sans coup férir. Joseph Buonaparte voulait, en évitant l'emploi de la force, faire préjuger, chez les habitans, des dispositions à reconnaître son autorité; et, sans doute aussi, avait-il la pensée d'épargner, à une population nombreuse, les malheurs inséparables d'une action militaire.

Quoi qu'il en soit, en arrivant devant Séville, le 31 janvier (1810), au soir, le maréchal fit sommer la place de se rendre : à dix heures, des commissaires se présentèrent pour stipuler les conditions de notre entrée. Ils commençaient à rédiger un projet de capitulation, lorsque le maréchal les interrompit en disant : — Je veux la place à discrétion : je ne garantis que la vie et les propriétés des citoyens. — Les commissaires rapportèrent à la junte ce court résumé d'une *négociation* de quelques minutes; et le lendemain matin, après un échange de quelques coups de canon, Séville ouvrit ses portes.

Où sont donc les lenteurs apportées par le duc de Bellune ? Quel quart-d'heure aurait-il pu économiser dans l'accomplissement du double devoir qui lui était imposé, celui de prendre Séville et de la prendre en évitant l'effusion du sang ?

Les faits que j'ai cités s'étaient passés sous mes yeux : je fus même chargé d'en aller donner connaissance au général en chef, Joseph Buonaparte, qui se trouvait à la tête de la réserve. Alors s'effectua cette entrée triomphale que sa politique convoitait si ardemment et qui fut la seule cause des retards qu'éprouva notre arrivée devant Cadix.

Page 10. « Le duc de Bellune présenta le
» projet du siége (de Cadix). »

C'est une erreur. Il ne fut jamais question d'assiéger Cadix : le maréchal n'avait d'autre mission que de contenir les troupes renfermées dans la place ; et il connaissait trop bien ce poste militaire pour croire qu'il fût possible de l'attaquer avec succès sans être maître de la mer.

Page 10. L'auteur de la brochure dit que le maréchal Soult traça, avec les officiers du génie et de l'artillerie, les principaux ouvrages du blocus de Cadix.

C'est encore une erreur. Personne ne révoque en doute les hauts talens du duc de Dalmatie; mais, dans la circonstance dont parle l'auteur de la brochure, ces talens n'ont été d'aucun secours. Tous les travaux, toutes les opérations du blocus de Cadix, furent conçus et ordonnés par le duc de Bellune.

Page 11. « *D'après ses ordres* (ceux du maré-
» chal Soult), le duc de Bellune fit attaquer le
» fort de *Matagorda* (situé à l'extrémité nord-
» ouest du Trocadero.) »

Le précédent paragraphe répond à cette allégation.

Page 11. « La garnison anglaise (du fort de
» *Matagorda*) se défendit avec acharnement;
» mais enfin elle fut obligée d'évacuer le fort,
» après *douze jours* de résistance. »

Il y a ici erreur et vérité. Il est vrai que les Anglais défendirent *Matagorda* avec acharnement, car, pendant l'attaque, des bateaux vinrent plusieurs fois renouveler la garnison; mais il est faux que cette attaque et par conséquent la défense aient duré douze jours. C'est à la construction des batteries que l'on employa ce temps : le fort fut détruit en quatre heures.

Page 12. « L'île de Léon, par laquelle on arrive à Cadix, est séparée de la terre ferme par
» un canal nommé rivière de *Santi-Petri;* ce canal
» n'est qu'une branche du *Guadalete,* etc. »

Encore une erreur, que l'auteur eût évitée en jetant les yeux sur le plan qu'il a joint à son écrit. Le *Santi-Petri*, appelé improprement *rio* (rivière), est un canal naturel, dont les deux extrémités touchent à la mer et qui reçoit d'elle toutes ses eaux. C'est le rio *San-Pedro* qui est une branche du *Guadalete*, auquel il communique, non loin de la mer, par un canal artificiel. Le *San-Pedro* a son embouchure au nord de l'isthme du *Trocadero* : ce même isthme et la baie de *Porto-Real* séparent la rivière de *San-Pedro* du canal de *Santi-Petri* (1).

C'est surtout en parlant de la bataille de *la Barossa* ou de *Chiclana*, que l'auteur de la brochure s'égare, et finit par se perdre dans les burlesques renseignemens qui lui ont été fournis. La peine qu'il se donne pour mettre en harmonie des renseignemens souvent contradictoires, aurait dû l'éclairer sur l'impureté de leur origine. Ainsi, lorsqu'il prétend (*page* 45) que, dans cette occasion, les Français n'ont tiré aucun parti de leur valeur, il oublie qu'il a dit (*page* 34) que l'armée anglo-espagnole avait pour but de faire lever le blocus, et que le blocus a été conservé. Il convient (*page* 34) que les Français eurent à combattre 5,000 Anglais et 12,000 Espagnols; que (*page* 39) la perte de l'ennemi s'éleva à 3,500 hommes, tant tués que

---

(1) Dans la dernière guerre, le duc de Bellune se servit du *Guadalete*, du *San-Pedro* et du canal qui les joint, pour conduire, au Trocadero, les chaloupes canonnières qu'il avait fait construire à San-Lucar. Ces chaloupes, presque miraculeusement passées du nord au sud de la grande rade, malgré la présence et les efforts de deux flottes ennemies, traversèrent, sur des rouleaux, l'isthme du Trocadero, et furent placées dans le canal du même nom, d'où elles contribuèrent puissamment à inquiéter les assiégés.

blessés; que trois drapeaux et quatre pièces de campagne tombèrent entre nos mains; et il appelle cette action une *mauvaise affaire* (*page* 38), un *échec* (*page* 43)!

Cependant il ne peut ignorer que le duc de Bellune, *livré à ses propres ressources*, obtint ce brillant résultat avec un corps qui se trouvait réduit à 7,000 combattans, par l'impossibilité de dégarnir les ouvrages du blocus. L'auteur de la brochure convient même (*page* 41) que, tandis que le maréchal faisait avorter devant Chiclana un projet à l'exécution duquel le gouvernement de Cadix avait cru devoir employer 17,000 hommes d'élite, les lignes françaises étaient vainement attaquées par l'amiral Keath.

Par quel renversement d'idées, voudrait-on affubler du nom d'*échec* un succès si honorable pour nos armes?

Les ennemis ont jugé plus sainement et plus franchement le mérite des combinaisons du duc de Bellune, bien que l'écrivain que je réfute ait assuré (*page* 36) que l'armée anglo-espagnole se trouva acculée à la mer, *sans trop savoir comment cette manœuvre avait eu lieu*. Quoi! le général Graham n'aurait pas vu qu'il était à la fois attaqué en tête et en queue par deux corps également sortis de *Chi-*

clara, il n'aurait pas compris que la colonne tombée sur ses derrières, au moment où il se dirigeait sur cette ville, avait dû, pour cela, longer le bois qu'il traversait lui-même, dans une direction contraire ! Cette combinaison du maréchal (et il dirigeait en personne la colonne dont je viens de parler) dut, par son audace, surprendre les ennemis; mais, au moment de l'exécution, elle ne put manquer d'être comprise par le dernier tambour des alliés.

Et des Français, dans l'impossibilité de nier le mérite de cette manœuvre, voudraient l'attribuer au hasard, à la confusion; ou au général de division Ruffin, dont l'éclatante bravoure fut, dans cette journée, constamment dirigée par le duc de Bellune, jusqu'au moment où le général tomba frappé mortellement !

J'ai dit, tout à l'heure, que, dans l'affaire de la Barossa, le duc de Bellune fut laissé à ses propres ressources. A ce sujet, l'auteur de la brochure s'exprime ainsi (*page* 43) : « S'il eût pu (le maréchal) disposer des troupes du quatrième corps » et de celles qui marchaient sous les ordres du » général Godinot, il n'est pas douteux que l'issue de la bataille n'eût été fort avantageuse » pour nos armes. Ce défaut de centralisation le » priva d'un secours qu'il avait sous la main, et

» duquel dépendait peut-être une victoire com-
» plète. »

Voilà une concession à la vérité; mais l'écrivain omet ici une circonstance remarquable. Il ne dit pas que l'une des brigades du premier corps (1), celle du général Cassagné, et qui avait reçu en temps utile l'ordre de rejoindre le maréchal, n'arriva qu'après l'action, sur le champ de bataille de la Barossa : elle s'égara en venant de *Medina Sidonia*.

Certes, il fallut de puissantes ressources morales, pour suppléer, devant l'ennemi, les deux régimens attendus, et qui, en raison de la faiblesse numérique du corps français engagé, devaient être d'un grand poids dans la balance.

Au reste, la coopération de la brigade Cassagne eût rendu notre succès plus facile et moins coûteux : elle eût augmenté les pertes de l'ennemi; mais le but essentiel de nos efforts (la conservation du blocus) ne pouvait être plus complétement atteint.

Cherchons maintenant, le sens de cette énigme (*page* 42) : « L'affaire de Chiclana aurait eu
» *bien d'autres résultats*, si le maréchal duc de

---

(1) Le corps du duc de Bellune.

» Dalmatie ne fût accouru pour rétablir *la con-*
» *fiance* entre les troupes du siége, et l'harmo-
» nie entre les généraux. »

Nous avons vu, et l'auteur de la brochure est convenu lui-même, que ces résultats étaient beaux et bons : je ne comprends pas comment et pourquoi la présence du duc de Dalmatie, en aurait diminué l'heureux effet. Quant au *rétablissement de la confiance, entre des troupes qui viennent de se couvrir de gloire (page* 41 *)*, c'est une entreprise d'une espèce particulière, mais qui ne nécessite pas impérieusement l'intervention de deux maréchaux de France.

Le désaccord des généraux, n'eut pas plus de réalité que le *découragement qu'on suppose avoir suivi la victoire.*

On voit que les pourvoyeurs de notre historien ne se sont pas bornés à lui fournir des erreurs matérielles ; qu'ils ont calomnié jusqu'à la pensée de nos braves. Aucune insinuation malveillante n'a été omise ; et, dans l'impossibilité de nier des succès éclatans et des trophées palpables, on voudrait se procurer la satanique jouissance de ternir les uns et de flétrir les autres.

Il se pourrait, au reste, que la mauvaise foi n'eût point eu de part à cette entreprise : pour des yeux jaloux, la victoire est effectivement sans charmes, et le laurier n'a pas toujours la couleur de l'espérance.

Des passions d'un autre ordre essaieront aussi de voiler l'étoile qui brille en ce moment sur les bords du Santi-Petri; mais le génie de la France paralysera ces ténébreux efforts : la gloire du noble fils de Louis XIV est au-dessus des atteintes, et les palmes qui croissent sur les pas de ces guerriers seront aussi indestructibles que celles plantées naguère aux mêmes lieux par le duc de Bellune et ses vieilles cohortes.

FIN.

IMPRIMERIE DE C. J TROUVÉ.

BIBLIOTHEQUE NATIONALE DE FRANCE

3 7531 01228781 0

www.ingramcontent.com/pod-product-compliance
Lightning Source LLC
Chambersburg PA
CBHW070536050426
42451CB00013B/3037